아직 길은 손바닥에 있다

노장현 시집

노장현 시집

아직 길은 손바닥에 있다

지은이 노장현
펴낸이 최명자

펴낸곳 책펴냄열린시
주소 (48932) 부산광역시 중구 동광길 11, 203호
전화 051 464 8716
출판등록번호 제1999-000002호
출판등록일 1991년 2월 4일

인쇄일 2016년 5월 8일
발행일 2016년 5월 10일

값 8,000원

ISBN 978-89-87458-95-3 03810

국립중앙도서관 출판예정도서목록(CIP)

아직 길은 손바닥에 있다 : 노장현 시집 / 지은이: 노장현.
-- 부산 : 책펴냄 열린시, 2016
p. ; cm

ISBN 978-89-87458-95-3 03810 : ₩8000

한국 현대시[韓國現代詩]

811.7-KDC6
895.715-DDC23 CIP2016009702

자서

고목 가지 위에 하얀 눈발이 내렸다.

가까이 다가가 살펴보니 눈이 아니라 꽃이다. 한 세월 끝무렵에서야 느지막히 꽃을 피우는 나무, 나도 그와 닮은 것같다. 지난 날의 체험과 생각들을 그려보는 수필의 묘미는 시를 근간으로 하는 미학임을 알았다. 꽃샘 추위가 막 시작할 무렵에 시작한 시공부가 벌써 몇 해를 넘기고 있다. 발을 옮겨 놓을 수 없는 어두운 밤길을 걷는 것 같았지만 늘 두근거리는 심정으로 졸작을 쓰고 다시 퇴고해가는 즐거움은 이른 바 공자의 삼락보다 더할지도 모르겠다. 시로 자신의 존재 가치를 표출하여 형상화하는 기쁨은 진실된 삶의 미학이라 할 수 있겠다. 산기슭에 외로이 서 있는 팽나무는 때가 되면 붉고 누렇게 물들고, 국화가 서리에 맞서 노란빛을 탐스럽게 발하고 있는 것이 순리라면 나 역시 황혼빛 노을을 자랑하며 영원한 시심에 젖어 들고 싶다.

2016년 4월　치원 노장현

자서…3
목차…4

1

4월이 오면…11
7월의 연정…12
과수원…13
구름을 잡다…14
금정산의 봄…15
기차를 타다…16
길 위에서…18
꿈…20
낙엽…21
낙타…22
낙화…23
네온사인…24
대마도…25
동백꽃…26
들판을 걷다…27
만어사…28
모자…29
무궁화를 심다…30
바람을 타다…31

밤…32
빈터…33
뿌리…34
시례협곡…35
오륙도…36
용두산공원…38
여행…40
이수도…42
을숙도…44
일출을 보다…45
자연 앞에서…46
카메라…47
코스모스 (1)…48
코스모스 (2)…49
코스모스 (3)…50

2

태화강의 향기…53
터널 속에서…54
친구…55
태풍을 맞다…56
포충등…57
휴지통…58

장마비…59
전화를 받다…60
오어사…61
처가…62
이웃…64
차…65
의자…66
시인…67
어둠에 젖다…68
어린 참새…69
억새…70
얼굴…71
빨래…72
밥상…73
미화원…74
목수…75
모정…76
등불…78
두더지…79
시간…80

3

농촌서정…83

노을…84
낚시질…85
내 마음의 바다…86
나룻터…87
가방…88
강을 건너다…89
귀뚜라미…90
고가도로…91
금정산성…92
비빔밥집…93
병상…94
보이지 않는 얼굴…95
담배꽁초…96
사랑방…97
삶…98
상처를 보다…99
새벽…100
선풍기…101
아직 길은 손바닥에 있다…102
소망…103
검은 신발…104
송도 바다에 가다…106

4

갈대…109
그리움…110
기다림…111
눈물 (1)…112
눈물 (2)…114
기일…115
능소화…116
백합꽃을 꺾다…117
별…118
붉은 얼굴…119
본향길…120
사랑…122
시계…123
자스민…124
천리향…125

발문 사랑과 행복이 넘쳐나는 시/강영환…127

1

4월이 오면

개울은 실뱀 되어 흘러내리고
하늬바람 봄을 싣고 달려와
다소곳 고개 숙여 안녕을 전한다.

발끝에 머문 하얀 꽃비가
길 위에 머물고
냉이꽃 향기로운 기름진 언덕
개나리 담장에서 얼굴 내밀고
목련꽃 하얗게 웃음 짓는다.

봄비 소리에 진달래 가슴을 열고
여울져 흐르는 꽃잎들
기약 없이 떠나는 발걸음
대지는 환각의 눈으로 포옹한다.

바람 따라 옷자락에 4월이 스며들어
초록빛 그늘 아래 꽃길이 그리워진다.

7월의 연정

뻐꾸기 소리 숲으로 멀어 지는데
누렇던 보리 곳간에서 잠을 자고
정열에 불타는 아침 햇살
열기는 땅에서 춤을 춘다.
주름진 이마에 개울이 되고
논에서 피어나는 애정
코끝을 자극한다.

텃밭 열무김치 사랑을 머금고
수염 마른 옥수수
즐거움이 알알이 맺힌다.

복숭아 향기 바구니에 가득 담아
그대에게 드리면 배롱나무 빛깔마저
석양빛 가슴에 감추고
속삭이는 신비로운 여름
7월은 계절의 왕이다.

과수원

잎새 떠난 사과나무
움켜 쥐었던 메마른 가슴을
살며시 열게 하고

겨울잠에서 한숨 쉬고
기지개 펴는 나무들
겉옷을 벗어 버린다.

산들 바람이 어깨 너머로
분홍 저고리 입고 나무를 탄다.

양지쪽 풀잎은 햇살을 받아
조용히 얼굴을 드러낸다.

들녘 아지랑이 피어오르고
백설은 과수원에 살며시 내려 앉아
벌떼는 기약 없이 처가살이 한다.

구름을 잡다

숲을 지나 산 능선을 타고
공중에 꽃을 피운다.
들녘에 말없이 그림을 그리고
들창에 바람따라 찾아와
고달픈 가시밭 숲길에서
무구한 천사같이
다시 하늘로 승천한다.

광채는 하늘에서 달리고
햇살은 뜬 구름을 잡는구나
홀연히 알 수없는 먹구름이
수염 드리우며 무지개를 세우고
통곡하며 눈물 흘리는데
들풀은 물너울 지우고
계곡물은 바다로 달린다.

금정산의 봄

막걸리 익어가는 산성마을에
맑은 핏줄이 아침을 밝힌다.

떠오르는 향기에 아지랑이 밀려오고
상냥한 미소로 햇살이 걸어오는데
개나리 진달래 젖은 땅에 입 맞추고
샘물을 빨아들여 뿌리에 스며든다

단잠에서 꽃망울 살며시 눈짓하고
고운 봄길 위에 푸른 잎이 수를 놓는다.
바위틈에 잠자는 제비꽃
이슬에 달빛을 안고 키를 잰다.

웃음 짓는 철쭉 맥박소리가 커지고
사발에 막걸리 꽃잎이 차는데
푸른 밤 고이 맺어 가슴이 열린다.

기차를 타다

별은 하늘에서 길을 내고
새벽잠을 깨우는 거친 숨소리
내 뿜는 증기가 수채화를 그린다
굉음은 실타래 위를 달리고
이슬에 젖은 녹슨 바퀴는
굽이 돌며 님을 부르는 절규

흩어진 젊은 조각들이
가냘픈 추억 속에 머물고
가슴에 눌러 앉는다

숨 가쁘게 달려가는 갈림길에서
봄빛으로 피어난 민들레 꽃씨 되어
아스라한 안개로 피워 보내고
한 줌 구름을 몸에 담아
무수한 쇳소리가 발자국을 남긴다

시간은 평행선 달린다
파도처럼 웃음이 빛을 내어

함초롬히 이슬을 머금는다

황조 한 마리는 석양빛에
집을 찾아 그리운 숲으로
목마르게 달려가겠지.

길 위에서

지친 여정을 메우고
분노에 찬 구름이
산허리를 휘어 감는다.
폭포수는 차창을 흔들고
파도의 선율을 탄다.

숲은 빈틈없이 산을 채우고
장대한 적송은 기둥을 세워
하늘을 떠받든다.

눈꼽 매달린 벼꽃은
가을 곳간을 꿈꾸고
길섶 나이테 쌓인
벚나무는 열병식을 한다.

하조대 육모정에 올라서면
비릿한 갯내음이
코끝을 시원케 한다.

큰 바위에 뿌리를 내린
낙락장송은
수십 년 풍상 구름 속에
홀로 서 있다.

꿈

눈을 감으면
꿈이 찾아 온다.
창공에 빛나는 천사처럼
네 영혼은 방황을 하고

개똥벌레 불빛이 길을 밝히는데
자정의 달빛은 풍류객 되어
내 마음에 든다.

청보리 잎새는 양풍에 넘실거리고
하얗게 밀려오는 계류에
송사리떼 유영한다.

층암절벽에 걸린 폭포수는
별똥별 되어 뿜어내고
꿈은 나를 찾아 떠나는데
창백한 달맞이꽃 품에 안긴다.

낙엽

구름 위에 솟아 있는 신들의 거처
푸른 꿈을 걸어 두고
시간의 절벽 앞에 못내 아쉬워
뿜어 내는 빛으로 산천을 채색한다.

어머니 집 품을 말없이 떠나가는
저 말라버린 나뭇잎들
자연 앞에 겸손히 고개 숙여
호수에 담았던 달빛처럼
따뜻한 입술의 촉감을
날개 펴며 바람에 날린다.

오솔길 흩어진 낙엽들
발 아래 옷자락 여미는 소리
미련 없이 떠나는 꼭두각시들
나목은 쓸쓸이 손을 흔들어
부토 되어 다시 돌아오리다.

낙타

뜨거운 모래 벌에도 꽃은 피고
새김질하는 네 발은 길을 잰다.
바람은 눈물을 쏟아내 모래를 적시고
햇빛이 이마에 땀방울을 짜낸다.

마른 땅에도 샘물이 솟아나고
곱사등에 물두멍을 달아
허기진 배는 가시 풀을 찾는다.
아지랑이 푸른 바다 물결 일고
딱정벌레 모래 길을 만들어
독사는 열탕에 몸을 담근다.

오아시스는 광야에 보금자리 틀고
낙타는 사막에서 끝내 잠이 든다.
방랑자여
내 가야할 길이 여기에 있으리.

낙화

비탈진 매실 밭에
눈바람의 파도를 넘어
가슴에 향기를 품고
싸늘한 가시 등에
꽃망울이 눈을 뜬다.

밤새 내린 이슬이 맺혀
달그림자 빛이 나고
영혼이 거친 벌판에 깃든다.

꽃잎 향기에 벌 나비 찾아 들고
가을을 바라보며
봄에 지는 꽃잎이
가냘픈 손짓으로 결별을 한다.

봄을 머금은 자태는
떨어져 어둠을 깨운다.

네온사인

달려오던 햇살은 사라지고
별이 얼굴을 내민다.

사내들의 네온 빛은 미쳐 날뛰는데
하루살이 풍뎅이 교활한 여우
모여 물결을 이룬다.

쏟아지는 동전소리에
혈압은 높아지고
옥상에 걸려있는 반딧불이
소식 전하려 찾아 왔는데
길은 좁고 멀어 밤이 짧다.

열이 나는 손등에
칩을 걸어 놓고
눈에는 붉은 꽃이 핀다.
밤 라스베이거스여 안녕

대마도

부산항 여객 터미널에서
일행을 맞이하는 오션풀라워호
메르스를 염려 했지만
까다로운 검색대를 지나왔다.
갈매기는 물길 따라 날아오르고
이즈하라항에 발을 내렸다.

편백과 스기목이 숲을 이루어
바늘처럼 늘어선 높고 낮은 세월들
손님 맞이하는 산새는 눈망울이 튀고
계곡물은 바위에 조각을 새긴다.
에보시타케 전망대는 역사를 조망하고
"악어 포구" 위 한국전망대에서 보는
광안대교 불빛이 찾아든다.

신전은 발자국마다 닿이는데
세월 따라 웃고 울었던 선조들
전설과 전쟁 눈물이 잠들어 있는 작은 섬
현해탄의 역사 파노라마가 미래의 숙제
히타카쓰항을 떠나왔다.

동백꽃

숲속 그림자 남기고
염천은 고요히 잠이 들어

청산에 물안개 피고
개울물 흘러 꽃잎 나르고
갓난아기 주먹 펼 때에
붉은 피 샛노란 꽃술 담아

북풍은 살을 에일 듯이 차가운데
지게꾼들 막대 들고 장단 맞추어
떡잎은 새파랗게 춤을 춘다.

귀뚜라미 소리 땅속 묻어두고
흰 눈 맞은 동백꽃이
길 위에 모가지를 떨구는데
핏자국이 먼저 먼 길을 떠났다.

들판을 걷다

하늘이 문을 여는 날
세상 시름 어깨에 메고
요지경 같은 나그네길
시들은 나의 영혼이
푸른 햇살 이글대는 들판에서
단비에 초목이 무성하구나

비바람 소리 창일한데
안개꽃 일렁인다.
황금물결 빛 바랜 곳
억새꽃 피어날 때
코스모스 찾아 든다.

들풀은 수를 놓고 백설이 황홀한데
탓하지 않는 들판에서
끝없는 광음을 발아래 두고
가는 앞길에 석양이 깃든다.

만어사

운무에 떠 있는 묏부리
산길 따라 하늘에 닿아 있고
파란 구름에 햇살이 깃들어
숲은 짙은 그림자로 앉아
침묵을 지킨다.

고목은 깊은 잠에 취했고
솔새들 장단 맞춰 곡예를 한다.

윤슬에 반짝이는 낙동강 물줄기
이만마리 물고기 구름 타고 사라져

수천 년 햇빛에 갈고 닦은 자취
몽돌만 널브러져 있는데

흘러간 바람을 되새기며
검게 물든 가슴으로 연단을 하는가
부딪히는 쇠 종소리 발자국 남기고
범종에 경을 엮는다.

모자

남천강 지류를 따라
칠성산 기슭 칠탄정에 올라
산등성 멧뿌리 가슴에 품고
상사목 능선은 숨죽이고 지키는데
하얀 가슴을 열어 본다.

지렁이길 청솔나무 아래
벗은 어느 곳에 있는지
외롭게 앉아

무거운 모자 쓴 여인 하나
세상 짐 짊어지고 백로 되어
가는 길 마다하지 아니 하네

열탕에 숨을 죽이고
잡동사니 틈 사이에
몸 찢어 맛을 낸다.
살신성인 따로 없어
그녀만이 치지致知에 이름인가.

무궁화를 심다

무궁화 한 그루 심었다
풋풋하게 하늘이 녹아있는
한 조각 붉은 마음으로
가슴에 품은 사랑 묻어두고

나무는 뿌리를 내리면서
따스한 단비와 거친 철비를 견디면서
현기증 나는 햇빛아래 지치며
내려앉은 겨울바람에
속살을 여미며 끈기있는 자태
목근화는 시련 속에 피어난다

꽃빛이 땅에서 솟아나와
섬세한 아름다움으로 피고 지는
진한 피가 맑은 광채를 낸다
동방 밝은 해가 문을 열고
맥과 얼이 담긴 물결이 폭포 되어
가슴을 붉게 물들인다.

바람을 타다

눈도 귀도 없는 것이
들판을 누비다가
산을 만나면 비구름이 되고
파도를 타면 하얀 둥지로 재잘거린다.
황금빛 들판은 넘실대며 춤을 추는데
무성한 들풀은 거침없이 손을 흔든다.

바람 따라 작은 잎새 길을 비우고
물결치는 억새 흰 수염 쓰다듬어
돛배 바람타고 길을 가는데
갈매기떼 출렁거린다.
창공에 독수리 날개 펴 응시하면
족제비는 집으로 달려가고.
바람소리 하늘에 잠이 든다.

밤

검은 눈동자 밤길을 걷고
거미줄 걸쳐 놓고 외길에서
먹을거리 걱정 없는 방랑자

햇빛 실어 땅속 헤매는데
잠자리 등에 걸어두고
그곳이 낙원인양 발을 뻗는다

땅굴 뚫어 숨구멍 내고
사계절 풀어 놓고 사랑을 찾아
땅 냄새 맡으며 만리장성 쌓는다.

빈터

뫼봉이 둘러 서있는
부북면 춘화산 기슭에

눈비 맞으며 꿈꾸던 매실나무
꽃망울은 백설이 되어 날리는데
꽃잎에 숨은 벌은
날개 치며 봄빛을 알리고

산 아래 춘화 벌에 물결치는 보리밭
햇빛에 반짝이는 비닐하우스에
딸기 따는 손길이 바쁘다

매실 익는 밭머리에
종형은 일찍 구경 가고
아내도 가고 종형수 따라가서
한 자리 빈터만 남아 있구나.

뿌리

동녘 안양岸陽에 구름 걷히고
매실나무 줄을 지어 앉아있구나.

찬바람 시샘하듯
달빛에 꿈을 꾸고
대추나무 겨울잠에 취해 있는데

꽃잎 떨어져 부토가 되고
가냘픈 몸이 손짓하여
바람소리 박새소리 어울림 한마당
푸른 매실 곱게 단장하니
밤이슬 은혜로 신맛이 새롭다.

실핏줄 용사같이 뿌리내려
땅굴 파서 젖줄을 놓아
얼기설기 손잡고 의지 하는데
봄맞이 이슬 눈 모여앉아
안개비 맞으며 생기를 낸다.

시레협곡

너덜겅지대 안산암으로 형성된 시례협곡은 여름 피서객들의 안식처다. 계곡입구에서 비탈진 돌길을 밟아 올라가면 냉장고 속에 들어간 듯 서늘한 찬바람이 인사를 한다. 올라갈수록 냉기가 피부를 조인다. 힘겹게 돌길을 지나 나무계단을 올라가면 결빙지가 나타난다. 이곳은 봄부터 얼음이 얼어 처서가 지나야 처녀가 앞가슴을 감추듯 자취를 감춘다. 겨울이 되면 얼음이 녹아 더운 김이 나온다는 신비한 곳이다. 더위가 심할수록 결빙이 많아지는 곳 계곡물에 발을 담그면 몇 초를 넘기지 못하여 피가 머무는 듯 살갗이 아린다. 두 갈래 가마불 폭포는 협곡을 비집고 흐르는 음성 폭포와 수직암벽에 흐르는 양성 협곡이 기묘하게 조화를 이룬다. 오가는 길에 다람쥐는 겁 없이 피서객들이 주는 먹거리를 받아 손을 비비고 인사하며 먹는 모습이 귀엽다. 얼룩배기가 재롱을 피워 볼거리를 제공하고 있다. 겨울 마늘은 땅속에서 냄새를 풍기며 자라고 보리는 뿌리가 여물어 지는데 시례협곡은 여름에 얼음이 얼어 제 값하는 천년기념물 224호이다.

오륙도

하늘에서 솟아오른 바위섬
부산의 문장이다.
아련한 수평선 타고 눈앞에 앉아

성난 파도를 가슴에 안고
바다를 가르며 휜소리로
다시 돌아보는 그대

뱃노래 물밑에 스며들고
북태평양에 님을 찾아서
우뚝 선 거인이 마중을 한다.

갈매기떼 바위 위에 둥지를 틀고
떠나간 계절을 찾는구나

바위틈에 해초는 입을 맞추고
낚시꾼 눈초리에 비늘진 고기떼
꼬리지느러미를 남기고

서산에 등을 타는 노을
바위섬은 그림자가 바다에 깃들면
눈 뜬 등대가 길을 밝힌다.

용두산 공원

바다에서 육지로 올라오는
용의 머리

소나무 울창한 송현산이
우남공원이라 불렀든가
항일 독립운동의 거점이런가

피난민 판자촌은 화마에 휩쓸렸고
용머리는 수난에 일어섰다.

시민의 종 꽃시계 충무공동상 시비
자갈치 바다가 보이는

크리스마스 날 밤
부산타워에 올라서니
전망대에는 발 놓을 곳이 없다.
남항대교와 영도대교의 현란한 불빛
찬란한 야경

산머리에는 별들이 수를 놓고
땅위에 꽃빛이 가슴을 태운다.

크리스마스트리에
파도처럼 밀려오는 사람들
캐롤송은 요란한데
카메라 불빛은 섬광 같다.

여행

예천 비룡산을 찾아
야트막한 산이 길을 열고
사람을 불러 모운다.

비룡산 감고 도는 내성천
뒤돌아 흘러가는 잔물결
모래알 보듬고

낙동강 삼 백리 젖줄 되어
쉼 없이 흘러내린다.
퐁퐁다리 외길 출렁이는데

용이 비상하는 회룡포구
백사장 강나루에 포구되어
백로는 날개 치며 짝을 부른다.

달빛 속 옛 시혼은
강물위에 떠 노는데

비룡산 전망대에 올라
한 폭의 수채화를 본다.

이수도

거제도에 떠 있는 이수도
바닷물이 이롭든가
학을 닮았어라
아삭아삭 억새소리
가슴이 설렌다.

해돋이 전망대에 올라
바다 끝에 걸려있는 하늘
아침 햇살이 붉게 물 들이고
바다 바람은 살갗을 자극한다.

성난 파도가 만든 해식애* 따라
갈매기떼 너울너울 물결을 타고
방시순석*은 낚시꾼을 부른다.
도다리 장어 문어 전어
혓바닥에서 놀고
흰 사슴은 녹각을 머리에 이고
찾아온 애호가 발길이 바쁘다.

해식애: 파도에 침식 작용과 풍화작용으로 해안에 이루어진 낭떠러지

방시순석: 화살을 막는 비석

을숙도

강은 먼 길 찾아 와
하구언에서 더 갈 곳이 없다
숱한 생명은 꽃 피우고
가슴에 쌓인 한 쏟아 내어
사랑의 탑을 쌓아 올린다.
양풍에 갈대숲 일렁이면
눈시울이 은빛 물결에 춤을 춘다.

종달새 하늘에서 노래를 하고
박새는 이집 저집 밀회를 한다.
저녁노을에
손잡은 발걸음 그림자를 남기고
밀려오는 파도의 그리움은
을숙도에 묻어 둔다.

일출을 보다

백사장 끝자락에서
어둠은 시간 속에
묻어 버리고
해가 뜬다.

움트는 숨결과 같이
용암이 솟구치는 땅속에서
피 끓는 젊은 감각이
맑은 얼굴을 내민다.

수평선 저 너머로
무리들의 장엄한 합성 소리가
수면 위 불기둥으로
너울거린다.

자연 앞에서

뒷산마루에 아카시아꽃
내 그리던 백작설처럼
꿀 향은 바람을 타고 와
창가에 백옥 가루를 쌓는다.

흰 구름 기러기 되어 나르고
돌아온 잎새들이 물결치는데
내일이면 녹색의 정원이 되리

나무는 침묵으로 이상을 높이고
성숙한 호수는 물안개 되어
순수한 춤으로 피어오른다.

산은 살아 숨 쉬는데
솔새들은 날개 치며 우짖는다.

카메라

삼락 생태공원 풀잎 끝에서
하늘빛이 웃음 짓고
류두페키아는 나를 부른다.
정중히 낮은 자세로
카메라는 눈동자를 벌려
그리움의 그림자로
꽃밭에서 지도를 그린다.

출렁이는 강물처럼
탱고 춤을 추고
고수부지 수놓은 아지랑이
소리치며 달려 나와
내 얼굴에 헤엄 친다.
노란빛 돌아 갈수 없어
그대는 석양을 새긴다.

류두페키아 :노란꽃이름

코스모스 (1)

청초한 코스모스
꽃잎 날개 펴고
마음의 등불 되어 시름을 씻는다.

햇빛에 탄 땀방울은
이마를 적시고
그대 그리워하던 삼락공원에

방아개비 날개치며 춤을 추는데

먼 고향 길 가슴에 담아
코스모스 향기 석양에 젖어 들면

화락한 모습 실어 발걸음 돌리네

코스모스 (2)

가을의 청아한 얼굴에
가녀린 몸 꽃잎 매달고
방긋이 눈웃음 짓는다.

소녀 같은 어린 손 내 밀어
자칫 다칠까 염려 된다

가을에 은빛 담아
비풍悲風에 넘실넘실 손 흔들고

수줍은 듯 고개 숙여 애교를 한다

그대를 바라보며 기다림이 있으니
바람결에 소곤소곤 노을이 탄다.

코스모스 (3)

친구와 손잡고 언덕에 오르니
아침 이슬 곱게 단장한 그대 있다

긴 목 빼어들고
치마 자락 날리며 인사를 한다

분홍빛 얼굴은 화락和樂한데
살며시 어루만지면
지혜로운 여인처럼
방실방실 웃음 짓는 그대

여린 가슴에 기다림이 있으니
처연凄然한 마음을 달래준다

오늘도 발돋움하여 서 있는
코스모스 한 그루

2

태화강의 향기

붉은 꽃 양귀비가
둔치에 물들어 있다.
불덩이가 온 몸을 태우는데
바람도 함께 탄다.

안개 낀 강바람은 끌 수 없고
아침 햇빛은 너울거리는데
가슴에 향기 녹아들어
두려움 없는 열기는
보이지 않아도
웃음소리 귓전에 들리는구나

그대 영혼은 눈빛으로
환영을 하는데
발걸음 붙들려
길을 잃어버리고
꽃잎에 고이 잠든다.

터널 속에서

따뜻한 어둠에 들어서
맑은 혼돈 속에 울리는
밝은 안개 짙게 드리우고
음양이 조화된 섭리
샘물 같은 사랑 넘쳐나
산 준령 넘어 성장의 순간들
날마다 포근한 양수되어
빛이 그리워지는 날

산고의 문 앞 핏덩이 되어
각 뼈마디가 지체를 세우고
우주 근원이 불어 넣는 숨결
기쁨의 행렬이 솟아나는데
어둠에서 밀고나온 생명 빛
따뜻한 정적에서 문을 열고
첫 울음의 향기
아침 해가 밝아 온다.

친구

손잡고 거닐던 회동수원지 둘레길
가슴에 찾아드는 눈빛 때문에
너를 친구라 불러 본다.
버려진 금계꽃 네별이 되어
솔솔 속삭인다.

윤슬이 나풀거리는 물그림자.
산영은 물속에 잠들어
호수는 세상 시름을 품는데
백조는 유영을 하고
흰 바람은 모르는 척 하는구나.

물새 그림자 뒤따라 가는데
찔레꽃 향기 가슴에 품고
백옥 꽃잎 휘날린다.
청산은 들리지 않는 풍경
노래 소리 하늘로 띄우고
함께 가는 두 발걸음이 가볍다.

태풍을 맞다

얼굴 바꾼 하늘에
검은 구름이 온다.
낯선 고니는 대한해협을 건너
푸른 소낙비를 쏟아 개울 만들고
검은 물을 바다에 담는다.

취한 우산이 뒤집히고
가로수 길 위에 널브러진다.

바람 맞은 아가씨 몸 가눌 길 없어
젖은 신발 총총 걸음에
술 취해 달려간다

숨죽인 태풍에 시방詩房을 찾아
바쁜 붓 끝이 풍경을 그리고
열사는 고기압따라 남쪽으로 가버린 뒤
낙엽은 문화로로 떠나간다.

포충등

어둠이 등불을 찾는다.
풀 덮인 논두렁에서
무수한 풀벌레들이 움직인다.
그 속을 나는 바라본다.

심장의 고동 속에 몸부림치는
생명들의 가치를
피는 역동적이다.

하늘 없는 어둠속에
성화를 부린다.

구름 타고 가는 그림자
밤은 스스로 스물거리고
숨을 맞추어 출렁이는 밤길
풀숲의 바람은
시름을 멀리 실어 보낸다.

휴지통

외딴 휴지통 하나

버림 받아도 울지 않는
스치어 지나는 서러운 몸들
싫다 않고 다 받아 주는
손맛 깊은 주부를 닮았다

죽어서 일그러진 모습으로
방황하는 씨앗들이 모여
돌아갈 자리를 알게 하고
낯설은 품에서 쉬는 곳

버려진 몸들을 끌어 모아
따뜻한 방에 돌려보내는
이승의 가장 낮은 정거장

장마비

성난 구름 떼지어 바람 타고 달려온다.
하루살이 밤하늘에서 숨바꼭질 하고
가로등에 날 벌레 소동을 한다.

짓궂은 우레 소리 할머니 잠 못 이루고
장마는 골방 벽에 그림을 그린다.

처마 밑 제비새끼 시름에 잠겨 있고
얼룩진 구름더미에 햇빛 한 줌 잠들면
산마루에 걸린 구름바다 정중동이다.

빗줄기 온종일 유영을 하는데
할머니 집 담장에 타고 오른 능소화
비 맞은 얼굴에 웃음이 핀다.

전화를 받다

귀뚜라미 목이 타는 가을밤. 여름날 삼베옷을 연필 가는대로 촉수로 뇌리에 그려본다. 씨실 날실로 엮어 얼비치는 매력에 눈이 붉어진다. 산자락 끌어 당기 듯 풍진에 잠겼는데 바람 탄 전화벨 옷소매 찾아든다. 달려온 벨소리 서재를 울리고 손에 잡힌 전화기 알 수 없는 목소리 미안하다. 말 한마디 남기고 떠나간 음성. 거울 속에 갇혀있던 동백아가씨가 날개 접고 떠나가고 바디소리도 전화 타고 함께 가버린다.

오어사

고즈녁한 산문입구에서
가슴을 살며시 여미어 본다.

오어지 위에 놓인 원효교가
길을 만든다.

출렁다리는 물밑에 매달려
샘나게 출렁인다.
산 끝자락 둘레 길은
발길을 멈추게 한다.

미소 짓는 물결은 호수위에 뜨고
물에 잠긴 산영은 고기 밥 되어
해탈에 눈을 밝힌다.

냇물 고기는 설화로 전해지고
동자승은 웃음을 머금는다
동종 앞에 고개 숙인 중생들
합장을 한다.

처가

메마른 분지에 싸인 우리골*
달과 별을 벗 삼아
밤이면 소쩍새. 귀뚜라미 소리
풀밭을 깨운다.

사립문 없는 바위 위 초가집
방 한 칸에 황토벽 묻어났다.

생솔 연기에 검게 찌든 부엌
그을음 매달려 하늘 그리고
실겅에서 검붉게 빛이 난다.

사랑채에 딸린 곳간에
쌀보리 가득 차고
처마 밑에 매달린 건시 꾸러미
한 폭 그림을 꾸린다.

얼기설기 통나무로 엮어 놓은 마굿간
새김질하는 암소 한 마리

쇠 죽통에 김이 난다.

가을 따라 보금자리 남겨둔 채
누가 불렀든가 기러기 앞서 가고
그가 자란 집이 그리워
옛 생각은 고요히 잠이 든다.

*우리골: 경북 의성 안평면 우리골

이웃

슬레이트 지붕 아래 방 두칸 집
천정에 쥐가 운동을 한다.
벽에는 비가 만든 꽃무늬
방 구석진 모서리에 곰팡이 피고

방 하나를 차지한 노인네들
화투놀이에 시간이 멀다.
어쩌다 오가는 고성에
순둥이 할머니 시중들며
이웃이 좋아야지
빈방에 잔소리 끝이 없다.

저녁노을 짙어지고
싸늘한 냉기가 물결을 치며
보일러는 서서히 미동을 한다.

벽이 붙은 옆집 방에서
수돗물 소리 잠을 훼방하고
살며시 벽을 넘어 와
뒤척이는 몸으로 밤을 샌다.

차

연꽃 찻잔에
네 미소 담아서
그대 향한 모습에
향불을 피운다.

분홍빛 눈웃음이
가슴을 적시어
혀끝에 스치는 촉감
네 등에 안기어서
고요히 잠들고

화사한 그대 얼굴
피 속에 사무치어
골수까지 스며드니

미운 얼굴 고운 미소
눈물 속에 이어가네.

의자

의자에 앉아
의자 시를 쓴다
앉으면 눈웃음 짓고
나를 조용히 껴앉는데
아기처럼 포근한 손길
따뜻한 등위에
의자를 얹어 본다

맑은 바람은 살갗을 스미고
묵은 느낌 다독이며
소리 없이 큰 웃음 짓는다
낮은 네 다리 시에 얽히고
관절염 없이 버티고 서있는
언제까지나
외길을 받쳐 주는 동무

시인

누구나 시인이 될 수 없다
정신없이 공상을 먹고
뜬구름을 잡아야한다.

환상에 눈물 삼키며 소슬바람에도
화사하게 비릿한 웃음 짓는다.

끝없이 내리는 봄비인 듯
물방울은 꽃잎에 잠자고
아침 이슬 햇살에 등을 돌린다.

풀잎에 찾아든 그림자에
그대 얕은 마음 적신다.

방황하는 지난 시간
백지에 선을 긋고 그림을 그린다.
내면에 든 싱그러움이 피어 날 때
고정관념이 깨어지고
관습적 인식에서 벗어나서
묘사적 본질이 돋보인다.

어둠에 젖다

달은 기러기를 부르는데
서창에 걸린 검은 그림자
계수나무 숲 속으로 찾아 든다.
이름 없는 별들이 하나 둘
얼굴을 내밀고
반딧불이 달 조각 찾아
숲에서 들판으로 나들이 간다.

시간 저 넘어 남겨진 추억들
벌판 가슴에 엉켜지고
수평선을 향하여 고요하게
알듯 모르는 듯 외로운 걸음
스치는 치맛자락 벗어버린다.
미지의 꿈자리에서
밤새 쉼표를 베고
여명은 어둠을 끌어 내린다.

어린 참새

아침 햇살이 활량 찾아
무성한 입술에 녹아든다.
깊은 계곡 메아리 울리고
입 마주치면 불꽃이 튄다.

가련한 참새들 날개를 접고
구름이 짙어져 시름만 쌓이는데
갈라진 논바닥에
봄비는 언제 오려나

결실 없는 가을 한숨 걸머지고
땀 찬 옷자락에 티끌만 쌓인다.

화려한 꽃밭은 말라 가는데
어두운 하늘 언제 걷히나
굶주린 어린 참새 죽어만 가고
시간 넘어 아쉬움만 길게 남는다.

억새

삼락공원에서
눈 마중 나온 억새
가을빛 이마에 적시고
나란히 배꼽 동무되어
나와 발걸음을 잰다.

억새 된 바람이
귓불을 어루만지고
환한 표정이 무리를 불러
사진첩을 남긴다.

솔새는 잎에 매달렸고
흰 빛에 물든 빗자루는
달빛 젖은 가슴 쓸어 가는데
눈물이 역광을 먹는다.

얼굴

깊은 하늘에 떠가는 구름
높은 봉우리 감싸안고
들 앞 국화꽃 향기에 정물되어
산자락 그늘에 웃음 실었네

언제나 반가운 미소로
펼쳐진 하얀 꽃잎들

흐르는 물가에 잠자는 가슴
은은하게 속삭이는 얼굴

뿌리 깊은 꽃잎 위에
손님은 찾아 와
은근히 감춰둔 눈물로
속살을 적신다.

빨래

율전 마을 빨래터가 얼었다
먼지 낀 개울물이 따라갔다
방망이가 구멍을 뚫어낸다.

비눗물에 거품이 출렁이고
숨어있던 묵은 때가
흐르는 물에 얼굴을 흘린다.

무거웠던 얼룩들을
한 겹 두 겹 벗겨 내고
구겨진 나날들이
가볍게 길을 떠나간다.

찾아 든 햇살에
눈같이 다시 솟는 올마다
묵은 상처가 떠난다.

밥상

주름진 입맛은 변주곡
언제나 아침 밥상은 단수다
밥 한 그릇에
김치 멸치볶음 검은콩조림
시락국은 제왕처럼
빠지지 않는 품목
국과 김치 하나로 족하다.

생각 따라 변하는 입맛
흐르는 시냇물처럼
내 몫은 변함이 없기에
소찬으로 만족하다.

밥상은 낯설지 않은 것
막내며느리의 솜씨가
냉장고에 있기 때문이다.

미화원

동이 트는 새벽
공중의 별은 시간을 잰다.
햇빛이 두려워서일까
바람도 별을 따라가고
창문 밖 어둠은 꿈을 싣고
지하로 스며 든다.

맑은 이슬 잠이 깨였는데
담장 밑에 몸을 던진
청소부 아저씨 노란 조끼 걸치고
왼손에 쓰레기통 오른손에 빗자루
담배꽁초 쓰레기를 담는다.

한 자루 시름을 채워두고
고단한 몸을 누인 뒤
시간을 어루만지며
세월은 허리를 굽힌다
아침은 언제나 이들의 삶이든가

목수

깊숙한 고샅길에
창틀 공방
못 자국 거친 손길 따라
예리한 격자무늬의 신비

버림받은 고목들
나이테를 그리고
먹물 품은 실오라기 선을 따라
끌로 찍어 홈을 파면
삼 겨릅대 벗겨 내듯
대패로 속살을 다듬는다.

숨어있던 잔잔한 무늬
꿈꾸듯 흐르고
새 빛을 얻어 꽃이 되어
손끝에서 피어난다.

모정

오랜 기억속의 어머니는
대추나무 밑에 김을 매고 계신다.
나무 아래 콩, 팥, 상추 등을 가꾸지만
그늘이라 제대로 자랄 수 있었을까
그럴수록 손길은 배가 된다.
무겁도록 쏟아지는 매미소리를 등에 업고
한 호미 한 호미 땅에 정성을 쏟아
쉴 틈이 없던 어머니.

낮의 고단함과 밤의 서글픔도 호미 끝을 따라
다독다독 땅에 묻어둔다
누가 어머니를 불렀든가
눈만 뜨면 밭으로 달려가신다.
일하시면서 무슨 생각을 하였을까
앞서가신 아버지를 그리워할까
타지에 있는 자식들을 생각할까
아니면. 남몰래 지극한 외로움을 달랬을까
무아의 깊이 속으로 가라 앉아 있던
그 평온함의 표정.

벗처럼 식솔처럼 조용히 남은 여생을
일구시던 어머니
대추나무 바라보면 원앙새처럼
알알이 흐르던 모정이
굵은 땀방울이 되어 맺히던 기억

등불

손에 잡히지도 않고
눈에 보이지도 않는
가슴 하나
슬픈 눈에 살며시 찾아 든다.
아침에 피는 동백꽃이 되어
외로운 창을 두드리는 빛

내 황홀한 사랑은 오색 단풍으로
갈대숲 사이로 걸어온다.
태양은 열정을 다해 서산으로 기울고
산 그림자 대지를 적시는구나.

뼈골은 하늘에 솟는데
빛은 낙엽 따라 가버리고
뜬 구름 어지러이 발길을 막고
절벽 앞에 선 등불 갈 길을 잃는다.

두더지

땅속을 가는 검은 눈은
늘 밤길이다
거미줄 구멍을 걸어놓고
홀로 가는 외길에서
먹을거리 걱정 없는 세대주

햇빛이 싫어 흙 속에 집을 짓고
등에 걸어둔 침상 위로
빛나는 발을 뻗는다
어둠이 좋아 땅 위로 숨구멍 내고
사계절 눈먼 사랑을 찾아
흙냄새에 눈을 뜬다.

시간

맹골수도에 용솟음치는 파도
떠가는 세월을 삼켜버렸다
손톱이 닳도록 부르짖은 엄마
무릎이 해지도록 눈에 불꽃이 튄다.

별 맑은 밤은 깊어만 가고
내일 오마 하던 아들 딸
차가운 날씨에도 돌아오지 않는
"사랑 한다" 외치던 그 목소리
갈매기떼가 삼켜버렸다

깊은 곳 곤히 잠든 아이들이여
아버지는 문에서 이마에 손을 얹고
해가 진 뒤에도 기다리고 있었다.

기어코 돌아오지 않는
아들 딸들이여
눈물 쌓인 어머니 집으로 돌아와
칠흑 같은 세월 벗어던지고
환한 웃음이 되어라

3

농촌서정

자드락에 있는 우리골
이마 맞대고 옹기종기 모여 사는 초가집
세상 떠나온 것처럼 고요하다
외양간 누렁이 되새김질하고
이마 잔주름 짙어 있는 노부부
축담위에서 해바라기 하며
세상 그늘 씻어 버릴 때
채송화는 뜨락에서 재롱 피운다

산기슭 휘돌아 춤추는 강
찔레꽃 향기 담아 노래하고
돌다리 물길 따라 송사리 떼가
모래알 휘저으며 유영을 한다

서산마루에 석양빛을 토하면
저녁노을은 적막한 강물처럼 흐르고
달빛 가득담은 못자리에
짝을 찾는 개구리 자맥질 하는데
창문사이로 스며 나오는 불빛
도란도란 옛 이야기 들려온다.

노을

열사에 던져진 모래언덕
붉은 생명 하나
지평선 위 깊은 발자국 남기고
바람은 나그네 형상을 지우고
삶의 건널목에서
산도 울고 바다는 잠이 든다.

붉게 타버린 빈 서녘에
댕기구름이 살며시 얼굴을 가린 뒤
옷고름 스치며 지나가는 산 그림자
기우는 햇살이 별에 손짓하여
외로운 밤길에서
골 깊은 내 이마에
노을이 집을 짓는다.

낚시질

마을 끝자락 늪에 버려진 양어장
학교에서 돌아오면
책가방 마루에 던져두고
고기떼가 부르든가
쉴 틈 없이 양어장으로 달려간다.

철사 잘라 낚시 바늘을 망치와 줄로 다듬고
마을 뒤 대밭에서 곧은 대 골라 낚싯대로
무명실 매달면 끝이다.

보릿겨 덧밥 구수한 내음
고기 집에 던져 주면
눈먼 고기떼 달려 나온다.
성급한 메기 지렁이 낚아채고
약싹바른 피라미 입질만 하니
어머니 손맛에 웃음이 가득하다.

내 마음의 바다

마음은 바다에서 이랑을 넘는다.
포말은 자유로이 헤엄을 치고
빛은 시간을 머금고 윤슬을 만든다.

파도는 수심 깊이를 재는데
인어들 날아 횡단하고
하늘에 흰 구름은 바람 따라
서녘 하늘을 넘나든다.

잔주름 치마폭에 이는 물결이
맑은 유리창에 스쳐 머물고
세월은 그림자 위에
사랑의 추억을 짜깁기 한다.

오늘도 생생한 내 마음
물결 흔들리는 대로 흐르며
바다위에 지도를 그린다.

나룻터

사진첩 갈피에 빛바랜 사진 한 장
시루봉 기슭에 칠탄정 품어 안고
부딪치는 술잔소리 구름 타고 떠나갔나
검푸른 맑은 물에 작은 배 띄워 놓고
그림자는 윤슬을 탄다.

퉁가리 돌 밑에 낮잠을 자고
은빛 반짝이는 은어떼 춤을 춘다.
머리에 흰 수건 둘러
장대 잡고 물 젓는 아버지의 옛 모습
웃음으로 뱃전을 울리고
참외 수박 먹던 친구들 어디로 갔을까
을축년 성난 홍수는 하얀 돌무덤 쌓아 놓고
노 젓고 거닐던 남천강 나룻터는
지나간 풍경이 별자리로 남았네

가방

가방에 아침을 담고
겨울과 함께 문화거리에 간다

매듭을 풀어주는 시인은
민들레 홀씨 날리듯
훈풍에 시름을 씻어낸다
헝크러진 낱말은 날개를 펴고
헐벗은 머리에 길을 내어
책갈피에 날을 세운다

한줄기 빛의 구원으로
맑은 샘에 꿈이 솟아나니
꽃 한 송이 가슴에 품어
차 한 잔 추억을 남기고
발걸음 가벼이 다가온다.

어깨에 멘 가방 속에
걸어 갈 길을 담는다

강을 건너다

어둠 이기고 달려 나와
흘러가는 아픔과 수고를
지나 온 세월 속에 묻어 버리고
빛 밝은 가로등 바라보면서
강물처럼 고요히 흐르다가
언덕 만나면 비켜가고
산에 닿으면 둘러가서
바람에 너울대는 물결

넓고 깊은 강의 보람을 담아
석양빛에 실어 흘러가는 시간
서산마루에 걸터 앉아
작은 꽃잎 하나 띄워 놓고
강물위에 비치는 그림자 따라
덧없이 거니는 나그네 길

귀뚜라미

먼 산 석양빛 등에 업고
눈을 감는다.

창 밖 별이 하늘을 채우고
아침이슬 서러워
풀 속에서 잠드는데
길섶 구절초 찾아와 동무 삼고
님 그리워 꿈속 같이 걸었지

너는 허공에 윤슬을 보내는데
연인 그리워서일까
뒷다리 날개 치며 띄워 보낸 소린가
문틈으로 찾아 든다

시린 손 접어두고
그늘아래 보금자리 눈물 적시며
피 멎었다 돌아오는 날
너는
이 세상 연주회 아름다웠지.

고가도로

투박한 길 등에 걸머지고
밧줄처럼 긴 허리 뻗어
굴러가는 숱한 바퀴소리가
가슴에 물결을 새김질한다.

길 위에 그림자 드리우고
비집고 들어갈 틈도 없이
높은 빌딩 숲 사이로
돋아나는 햇살은 날개짓한다.

물결 너울지며 손을 잡아
웃음소리 메아리치고 달리는 곳
홈플러스 승용차 꼬리를 물 때
길에 파도는 멈추지 않는다.

금정산성

금정산에 올라보니
고당봉 높이 솟아
능선 따라 병풍 되고
산성이 분지로다.
기암괴석 빚어내고 맑은 석간수 솟아나와
족타식 누룩으로 민속주 만들어
백김치 막걸리에 염소 육해 곁들여
닭오리 백숙 냄새
산성마을 창일하다.

벗님네들 소문타고 달콤한 쉼터 찾아
일배 일배 부 일배라
대화의 열광으로 권하는 술잔마다
별빛이 기웃댄다.

비빔밥집

동래시장 허름한 골목집
때 묻은 시멘트 바닥에 둥근 의자
낡은 식탁에 빈자리가 없다
벽에 걸린 텔레비전과 액자는
사람들의 시선을 붙들고
무던하게 생긴 뚝배기 하나
재빠른 주인아주머니 손에 들려나온다.

콩나물 배추 오이 버섯 고사리 위에
계란 튀김 한 알 선심으로 고명 놓아
조미료는 없어도 구수한 참기름 냄새
잃었던 입맛을 돋운다.
따뜻한 시래기국물 한 술 넣어
전후좌우 섞으면 그만이다.

눈 부릅 뜬 밥 한술에
따뜻한 대화로 밥맛은 배가 되어
아줌마들 고달픈 손맛이
골목집에서 샘물로 솟는다.

병상

백두산은 안개 속에 잠이 들고
씁쓸하게 돌아 서는 발걸음
중국 금수학 국제호텔
실금으로 무너진 발가락
2주간 침상은 외로운 성
지나간 시간에 노목은 괴롭다.

병상에 부르지 않아도 찾아오는
일상이 뇌리에 물결치고
몸부림치는 환우들 나약한 모습
삶의 갈림길에서 방황하고
건조한 고독
안구에 눈물빛이 맺힌다.

창밖 햇살은 침묵 속에 나를 부르는데
시간의 파편들이 머리맡에 찾아든다.
문병자의 쾌유란 한마디 뜬구름 같아
아픔은 쓸쓸한 나만의 것
무너지지 않는 고목은 새 움 터서
봄 뜨락에 처음으로 돌아가리다.

보이지 않는 얼굴

푸른 숲 달빛 내리는데
솔잎도 반짝인다.
청순한 떡잎 거머쥐고
민들레 솜털 되어
흰 바람에 나부낀다.

세월 지나간 높이만큼
이마에 실개천 깊어지고
눈비 맞으며 오솔길에서
내민 거친 손마디가
새김질로 가슴에 품고 와서
땀방울 온 몸 할퀴어도
흘러내린 온기에 묻어난다.

얼룩진 치맛자락
환희에 깊이 담아
미소로 상처를 씻어내
보이지 않는 얼굴
낙원에서 즐기리라

담배꽁초

버스에서 내린 기사
흰 셔츠 호주머니에서
담배 한 가치가
무지와 검지에 잡혀 나온다.

불빛에 반짝이며
입술이 하얀 연기를 품어낸다.
코는 굴뚝으로 이르든가
정신은 아롱거린다.

필터를 남겨두고
손가락으로 튕기어 밟아 버린다.
땅에 떨어진 꽁초는
달리는 차 바람에
이리저리 널브러지게 나뒹군다.

사랑방

시골 사랑방은 어머니 품안이다. 밭 갈고 곡식 심는 일에 지친 몸 쉼터가 아닌가. 저녁이면 새끼를 꼬고 집신 삼아 지난 이야기로 침이 마른다.

아낙네들 물레를 잦고 베 짜는 너울소리 바디를 칠 때마다 가족 사랑이 한 올 한 올 쌓여가는 즐거움이 있으리라. 씨실 속에 시름을 싣고 날실 속에 인생을 담아 가족 사랑이 실 타래처럼 쌓여 가는 곳 대장간에서 낫을 빚어 벼 베던 이야기로 밤은 무르익어 가는데. 어디선가 소쩍새 울음소리가 실바람 타고 들려오면 장단 맞추어 베틀 노래 부른다.

삶

케냐의 눈물 젖은 움막집에서
다섯째 해산 후 하혈로
어머니 잃은 오남매
밤이면 야수의 위협에서
아버지는 한데 잠을 세운다.

하이에나 공격으로
다리에 흰 상처는 사랑의 표징이다.
바지를 감아 부치고
무거운 발걸음으로 밭에 나가
낮이면 약초 사서
길섶에서 손님을 기다린다.

한단 팔아 삼십 전 수입으로
힘없는 발걸음에 집으로 옮긴다.
팔지 못한 약초는 내일을 기다리고.
뜨거운 모래 길 생존의 기로에서
여섯 식솔은 웅크려 잠에 든다.

상처를 보다

상처는 말이 없다
아픔은 온몸에 스며들고
신경에 날을 세운다
붕대를 감고 있는 발
발등 살갗에 피고름이 맺혀
가제를 벗겨내는
간호사 따뜻한 손길
탈색된 발가락 진물이 난다

고통 속에서 함께하는 환우
짓무름에서 벗어나
어두운 번뇌는 아침 이슬같이
차가운 가슴에 환우들의 사랑으로
밝은 해 바라보며 웃음 짓는 그날
새벽닭 울음 기다림 같이
말없는 상처가 떠나가고
어제 걸었던 길을 다시 간다.

새벽

길고양이 우짖는 길모퉁이
공중의 별은 시간을 잰다.
여명이 두려워서일까
바람도 별을 따라가고
창밖 어둠은 꿈을 싣고
지하로 스며 든다.

맑은 이슬은 잠이 깨었는데
축대 밑에서 서성거리는
노란 조끼 걸친 청소부 아저씨
왼손에 쓰레기통 오른손에 비 한 자루
담배꽁초, 쓰레기를 쓸어 담는다.

자루 한 가득 시름을 채워 두고
시간을 어루만지며
세월에 허리는 굽어진다.
아침은 언제나 이들이 열었던가.

선풍기

철창 속에 갇혀 동면하다
더위 찾아 나온 나래가
종달새 날개짓으로
산천에 새봄 찾는데
어깨죽지 아프도록 부채질한다.
살갗 비집고 나온 땀방울
비늘 바람 따라 사라진다.

납량에 몸을 담그고
시원한 맛의 향기
바람에 담아
길 찾아 떠나는 안개꽃 되어
신선한 자극으로 활기를 찾는다.

석양이 기웃대며 미소 짓는데
의자에 앉아 옷깃 여미고
별빛바람에 나는 잠이 든다.

아직 길은 손바닥에 있다

손에 지도를 그리고
길을 따라 달린다.
움켜잡아 내려놓지 않는
굴곡진 생의 골짝 걸머지고
슬퍼하고 피곤한 흔적들

허공에 영원한 자취
수많은 사연의 실 그림자
반짝이던 이슬비 님을 찾아
가슴 문 열고 찾아 왔는데
기쁨이 시냇물 되어 흘러 내리 듯
밝은 빛 용솟음친다.

얼굴에 피어나는 웃음꽃은
장단 맞춰 춤을 추는데
아직 길은 손바닥에 있다.

소망

목동의 여린 피리소리
노을빛 가슴에 담아
두 손 내밀어 영원을 부르며
설렘으로 미감을 세운다.

사색하는 오솔길은 가슴 끝에 머물고
살아서 빛나는 공간의 너울들
공허한 허상을 몰아내고
은빛 생명이 웃음 짓는다.

돌아본 달빛 무지개
세상 욕정 파도에 묻어
맨드라미 피어날 때
풀꽃들도 화답하네

나의 미로에 홀로 서 있는
삶의 망각을 깨치고
그윽한 밝은 영혼 본향을 찾아
영원한 안식처로

검은 신발

춘분에 귀뚜라미 노래는
목 놓아 별빛으로 띄우는데
쓸쓸한 가슴은 어느 곳에 담아 둘까
검은 세월이 정을 신고 가는 구나

오늘도 둥지 찾아 돌아오면
현관에 하염없이 기다리는
검은 신발 한 켤레

주인 잃은 신발은 잊었는지 모르는지
찾지도 않는데
서로 쳐다만 보는 망부석

산딸기 먹던 언덕에 그림자 남기고
비탈길 더듬으며 내려오던 신발
고향노래 부르던 그때 그 신발

미끄러지고 넘어지던 등산길에서
발자국 그림자 매화향기 묻어두고

그 길은 오늘도 숨 쉬고 있는데
이제 누구와 그 길을 밟을는지

손잡고 애타던 길 멋었는데
언제까지 현관에서 잠을 자려나

송도바다에 가다

송도 바닷가에 누운 해안선
이랑을 타넘는 물결은
폭포처럼 쏟아져 내린다.
길 잃은 적막한 배 한척
울부짖는 파도 소리
바다는 그의 품안에
자맥질 하던 몸 쏟아 내고
나의 숨결마저 말없이 보듬는다.

뱃길 따라 꼬리 물고 달리는
갈매기 떼 목이 쉰 노래
새벽잠 깨우는 방파제에서
그물 손질 하는 부부 손길이 바쁘다.
김이 나는 라면 한 그릇
고픈 입술 적실 때
집어등 밝히는 오징어 배
빛을 따라 몰려온다.

4

갈대

부토에 발을 담아 수렁에서 솟구쳐
양풍에 햇살을 지고
젊은 날 꿈을 칼날로 세운다.

청량한 비풍悲風에 몸을 뒤척이고
속빈 아픔을 떨쳐 버리려

여린 몸 성성하게 꽃잎으로 키를 높여
도요새 숨바꼭질 길 찾아 나른다.

그리웠던 하늘로
서리 내린 풍경을 가슴에 펼치고
하늘로 집을 찾아 가는 날
눈발은 고요히 잠을 잔다.

언젠가 네 명상을 다시 찾으리

그리움

백합향기 땅에 묻히고
풀잎에 피어나는 아침이슬이
떠난 그대 외로운 눈물로
열린 가슴에 한으로 남아
멍든 살갗에 안개비로 적시네.

그리움에 방황하는 고독이
짙푸른 숲속 그림자 남기며
거친 모래언덕 발자국소리
만상의 그림자 스쳐 지나고
덧없이 보냈던 세월
떠나야 했던 마지막 길
화목했던 눈빛 그리워지네
꿈길에서 마주보는 망부석
말없는 당신의 얼굴
환영처럼 사라지고 마네

기다림

끝나지 않는 기다림 앞에서
그림자 꿈속에 방황하는데
솔잎 그늘지면 별빛 부른다.

이른 아침 햇살은 이슬 지우고
따뜻한 손 산 기슭에 잠자고
산새 동무하자 속삭이는데

청록색 물결 실어 보내고
은빛 모래 위 발자국 남기어
구름 따라 가버린
빈 가슴 하늘에 매달고
어느 때 만나질까.

눈물 (1)

당신이 밟은 길 위에서
가을이 나무 가지 끝에 매달려
옷깃을 여미고

단풍잎 햇빛이고 슬픔 짓는데
토막 난 산책길 그날이 생각나네

코스모스 꽃비 내리는 이역만리에
다시 오지 못하는 하늘나라

당신이 떠나던 시간 눈물이 서려
서럽게 두 눈을 살며시 감고
부질없는 눈물에 젖어 보았다.

내 생에 소욕이 소멸 되는 날
초롱에 불빛 지친 밤하늘
은하수만 흘러내리고

끝없이 흐르는 맥박소리

네 가슴을 잠재우고
쉬는 숨소리 잠이 들었다

그래서 고요히 손잡고
구름위로 보내오리다.

눈물 (2)

노을빛 산마루에 걸려 있고
망초꽃 소리 없이 흔들리는데
메아리는 구름타고 벨을 울린다.
눈물에 젖어있는 여인이
구름 속에 잠겨 있다.

오후 4시에 남편이 육신을 내려놓았다
며칠 전 대구탕을 같이 먹었는데
영혼의 갈림 길에 선
우리는 칠순이고 강건하면 팔순인데
가는 길이 넓고 쉬웠든가

할미꽃에 맺힌 이슬은 메마른 땅에 떨어져
그리움은 대지를 적신다.
떠난 아내의 외로운 슬픔이
나의 가슴에 살며시 찾아든다.

기일

단풍 황홀하게 영그는데
삶의 무게 벗어버리고
원앙새 둥지 찾아 든다.
거칠어진 생전 모습
가슴에 그리면서
사랑의 향기 가득 담고
성난 파도에 배 띄웠던 세월
아픔도 기쁨도 인내하면서
그리워하든 고향집에서
한 송이 민들레처럼
사뿐히 날아와 함께 한다면
방긋 웃는 부모 얼굴
기다리는 마음
밥상에 사랑 가득 실어
구름 위에 띄워 보내리다.

능소화

땅에서 단물 솟아 나와
애타는 욕망의 그림자
무심한 세월의 갈림길에서
한숨으로 몸부림치네
가녀린 줄기나무는
초록 치마 걸쳐 입고
마디마디 발을 뻗어
수줍은 꽃잎이 빛을 남기고
그대 눈길에서 떠나가버린
안개 맺힌 원한의 눈물이
시샘에 잠겨 궁궐이 한스럽다.
기다림에 지친 소화
담장 밑에 쓸쓸히 잠들고
순결한 매혹의 자태
꽃으로 물 들인다.

백합꽃을 꺾다

봄꽃 향기 영그는 날
미소 짓는 풀잎 따라
개울소리 어깨 맨 송사리 떼
물너울 속으로 길손 되어
모래에 실려 내려간다.
산울림 벗 삼아 길을 찾아
사랑의 향기 가슴에 실어
하얀 당신의 자태
수줍게 웃음으로 맞이한다.

모진 바람이 우리를 엄습해도
지나간 흔적 지워 버리고
즐거운 마음으로 인내 하였소
언덕길 숨찰 때 손 잡아준 당신
못 다 꾼 세상 꿈 다 품고
가슴을 흙으로 덮었구려.

별

밤하늘에 매달린 빛이
살며시 손을 흔들어
초롱꽃보다 많은 눈동자들
네 항아리에 유영을 한다

사랑을 생각하는 기도가
별이 되어 하늘로 돌아갔다.
나는 그래도 당신을 떠나지 않는다.

어스름한 산기슭에 누워있는 그림자
풀숲사이로 찾아 들어
귀뚜라미 날개 소리 그리워지는
그대 노래가 있다

향기보다 많은 것들로
빛이 내린 언덕위에 눈을 메우고
서로의 가슴속에 번지는 환한 시간으로
따뜻한 시 한 수를 그려 본다.

붉은 얼굴

거울 앞에 선 작은 얼굴
네 눈빛 깊은 곳에서
맥박 소리가 커진다.

풀잎에 이슬처럼 반짝이던
흘러간 기억들
햇빛은 바람에 쓸려가고
마른 밤빛이 넘실거리는데
달그림자 피어났던 웃음은

흰 나비 되어 가버린
상처 난 가슴 끌어안고
파란 눈물을 삼킨다.

솜 같이 따뜻한 품에
못내 기다리던 그 사람
낡은 옷자락만 여민다.

본향 길

그대는 본향으로 갔다.
때가 되면 갈 것을
희미한 등불소리로 누가 불렀던가.
피는 제 갈 길을 잃어버리고
장막은 무너져 버렸다.

나는 이제 알았다.
빈방은 울고 있는데
고독은 별을 바라보았지
흰빛 무지개는 나를 밀어 내고
은하수만 마음에 흘러와
눈물을 싣고 간다.

흙은 붉게 물들어 잿빛을 내고
잔디는 네 마음을 빼앗는데
걸어온 화강석이 나를 위로한다.

기다림에 눈물 젖은 한 영혼이
그래서 나는 가끔 찾는다.

붙들리지 않는 아내의 그림자
허공은 나를 두고 슬픔을 토하는데
함께 흐느끼는 그대 있으니
외로울 것 없구나

깃들 곳 벗어 버리고
아내가 간 본향을
나는 그리워한다.

사랑

연꽃 속에 깃든 애틋한 사랑이듯
길가에 풀꽃 하나만 봐도
당신으로 이어진 날들과
잔잔한 바다위로 지는 해와 함께
세상 고달픈 바람결에 시달리고 나부끼어
인정의 꽃밭에서
한 방울 연연한 진홍빛 앵두꽃인지도 몰라

잎 새 뒤에 몰래 숨어
수줍은 듯 햇살과 속삭이는
저 붉은 사랑

시월 단풍은 알까 모를까
당신을 죽도록 사랑하면서
행복한 가슴에 못잊어 몰래 꺼내보는
내 명자나무 꽃 사랑
당신은 나의 별

시계

책상 위 괘종시계
물처럼 그칠 줄 모르는데
시간은 잠을 잔다.

맞 물린 톱니에 끼어
쉼 없이 돌아가고
떠나간 자취 흰 구름 되네.

고개 넘는 발자국 소리는
바람을 부르는데
돌아오지 못하는 당신.

조각배 흔들리는 몸을
물결에 잠재우고
외기러기 날개짓에는
저녁노을 잠든다.

자스민

나풀거리며 스치는 치마 자락
집안에는 향이 가득하다.
다복이 핀 꽃은 아니지만
다가설수록 낯선 정이 풍긴다.

어깨를 나란히 하고
매달린 꽃 입들이 앙증맞기도 한데
슬픈 전설 남기고
그 모습 찬연 하구나
언젠가 그림 속 여백처럼
하얗게 피어 있는 뜰

추녀 끝 여름 백우白雨를 맞으며
해풍과 세한을 견디면서 피고지고
벗한 꽃들이 허드레지고 있는데
네 가슴을 정화하는 향기
자스민은 오늘도 앙큼하게 핀다.

천리향

햇살은 아침 창문을 열고
거울 속에서 미소 짓는다

잠에서 피어나는 눈동자
잎에 모여 꿈 이야기

나는 꽃. 당신은 향기
나의 품에 생명처럼
당신 품성을 묻어두고

부푼 가슴 꽃을 열어
자줏빛 날개를 달고
유혹하는 천리향 어깨위에 신는다.

언젠가 바람에 실어
털어내는 분신들이여
그때는 희락이 창일하겠지

발문

사랑과 행복이 넘쳐나는 시

강 영 환(시인)

사랑과 행복이 넘쳐나는 시

강 영 환(시인)

1.

삶은 목적이 아니라 과정이다. 과정을 무리없이 살았다면 그 사람은 행복하다고 말할 수 있다. 경제적 여유가 있다고 삶이 행복하다고 이를 수 없는 것처럼 가난하다고 불행한 것이라고 말할 수 없다. 삶의 가치는 자아실현을 얼마만큼 이루고 살았느냐에 달려있다. 그런 의미에서 노장현 시인은 행복한 사람이라고 말할 수 있겠다.

우리 삶의 모습을 언어로 표현해 낸 예술 가운데 하나가 시다. 시에는 삶의 모습이 그려져 있다. 사진처럼 어떤 형상을 지니고 있다면 쉽게 접근할 수 있겠으나 시는 언어로 삶의 모습을 표현해 낸 예술임으로 의미를 통해 접근해야하기에 어렵다. 시는 묘사가 아니라 표현을 통해 드러내는 자아다. 삶에서나 생활 속에서, 또는 자연 풍경들 속에서 시인이 맞닥뜨려진 느낌을 언어로 써낸 것이다. 사물이나 사유에 대한 느낌은 사람마다 같을 수는 없다. 그러기에 하나의 사물에 대해서도 여러 편의 시가 존재할 수 있는 이유이기도 하다. 시인은 사물을 새롭게 느끼는 일 그 속에서 자아를 실현시키고 그것이 노장현 시인이 만나고자 하는 행복일 것이다.

노장현 시인은 시를 쓰기 전에 수필을 썼다. 2012년에 〈에세이문예〉로 등단 한 후 많은 수필을 발표했다. 그가 시를 쓰게 된 동기는 수필을 쓰면서 시에 대한 이해가 깊으면 더 아름다운 수필을 쓸 수 있을 거란 생각에 이르게 되었고 더 좋은 수필 창작을 위해 시를 배우기에 이르렀다. 3여년에 걸쳐 시 습작을 이어오면서 나와의 인연이 시작된 것이다.

노 시인은 이제 시의 맛에 매료되어 수필 쓰는 일을 뒷전으로 물리쳐 버리고 시 쓰기에 골몰해 있는 것같다. 수필집보다 시집을 먼저 내기에 이르게 되었으니 시쓰는 일에 빠져있다 할 것이 아닌가? 함께 시를 쓰는 나로서는 반가운 일이라고 해야 할 일이지만 본업인 수필에도 등한시 해서는 수필 도반들로부터 지탄 받을 수 있겠다.

시를 쓰는 일은 중독성이 매우 강하다. 표현을 통하여 자아를 발견하고 삶의 의미를 확인하다 보면 자신도 모르게 푹 빠지게 된다. 일상이 무료해지면 시를 읽고, 그래도 무료하다면 크게 소리내어 자신이 지은 시를 낭송해 본다. 그러면 무료는 씻은 듯이 날아가버리고 자신감 충만한 자아가 깃들게 됨을 느끼게 될 것이다.

노장현 시인의 시는 지극히 일상적인 삶을 일상적인 어법으로 풀어내고 있다. 현란한 수사나 은유를 내포하고 있지 않아 그 의미에 접근이 쉽다. 이 시집에서 읽을 수 있는 의미는 아무래도 삶에서 건져 올리는 작은 행복들이라고 할 수 있겠다. 그래서 시를 읽고 있으면 자신도 모르게 행복감에 젖어 들게 되고 행복하다는 느낌을 얻어들고 시집에서 나오게 된다. 그의 시는 거대한 세계를 지닌 것도 아니고 특별하게 시의 지평을 열겠다는 당차고 야무진 수사가 내재한 시편들도 아니다. 그저 삶에서 느낀 담담한 일상의 모습을 오랜 경험으로 느끼고 있다할 것이다. 특별한 삶이 아닌 지극히 평범한 일상 속에서 건지는 행복한 감정은 가랑비에 옷이 젖는 것처럼 잔잔하게 마음을 적신다.

고즈넉한 산문 입구에서
가슴을 살며시 여미어 본다.

오어지 위에 놓인 원효교가
길을 만든다.

출렁다리는 물밑에 매달려
샘나게 출렁인다.
산 끝자락 둘레길은
발길을 멈추게 한다.

미소 짓는 물결은 호수위에 뜨고
물에 잠긴 산영은
고기 밥 되어
해탈에 눈을 밝힌다

냇물 고기는 설화로 전해지고
동자승은 웃음을 머금는다
동종 앞에 고개 숙인 중생들
합장을 한다.

「오어사」 전문

시적 화자는 포항에 있는 오어사에 여행을 갔고 거기에서 오어지 저수지를 만난다. 눈에 보이는 풍경을 그대로 보여주면서 못 위에 걸쳐진 현수

교와 못에 잠겨있는 산그림자와 수면 위에 그려지는 물무늬를 만난다. 물고기는 산그림자를 먹고 해탈을 향해 간다. 그 물고기는 오어지에 담겨있는 설화와 자연스럽게 연결되어 동자승의 미소에 담긴 의미를 읽어내고 중생들이 동종 앞에서 합장하고 고개를 숙이는 모습과 연결시킨다.

산다는 의미도 시인의 느낌이다. 편안하고 부담없이 읽혀진다. 현수교는 물 위를 가로질러 걸쳐져 있는데 시인은 물밑에 반영되어 있는 출렁다리를 바라본다. 시인의 시선이 달리 머무는 곳이다.

이 시집에는 여행을 통해서 쓰여진 작품들이 상당수가 있다. 현장에 충실한 위 작품은 눈에 보이는 풍경을 새롭게 보는 시인의 시선을 느낄 수 있다. 오어지를 만나서 즐거운 것이 아니라 그곳에서 느낀 감정들이 새로운 것이기에 더 큰 행복감을 느낄 수 있었던 것이다. 새로운 언어의 발견, 거기에서 오는 커다란 경이로움이 행복을 충만하게 해 준다. 그것이 코울릿지가 말한 언어가 주는 미적 쾌락에 닿아 있는 의미다.

코울릿지에 의하면 시적 언어는 '보편적이며 상상적인 시적 언어가 노리는 것은 시가 표현해야 할 내용의 문제이며, 언어 그 자체가 야기하는 미적 쾌락'이라고 했다. 여기에서 주목해야 할 것은 '미적 쾌락' 이라는 말이다. 우리는 일상생활에서 언어를 사용하면서 말이 가지고 있는 한정된 의미 또는 일정한 의미만을 표현하고 있을 뿐이다. 그러나 시어는 그러한 언어의미의 한계를 초월하여 새로운 의미망을 구축하면서 언어를 확장해 가는 즐거움을 가질 수 있다. 시의 원소로서 기능을 가진 시어는 낱말 개개로 분리시키면 우리는 일상어에서 사용하는 의미로 축소되고 만다는 것을 알 수 있다. 그 언어가 시의 어느 한 부분으로 역할을 수행하고 있을 때 그 언어는 훌륭한 시어가 될 수 있을 것이며, 그러므로 좋은 시는 시어들이 아름다운 관계를 설정하여 제자리에 놓여 졌을 때 가능하다는 결론을 가질 수 있다. 시인이 추구하는 것은 바로 그런 것이라고 보아도 좋을 것이다. 이 아름다운 언어의 조합이 가져다주는 행복감이 바로 미적쾌락인 것이다. 노시인의 시에는 의미의 새로움 보다 이런 즐거움이 숨어있다.

먼 산 석양빛 등에 업고
눈을 감는다.

창 밖 별이 하늘을 채우고

아침이슬 서러워
풀 속에서 잠드는데
길섶 구절초 찾아와 동무 삼고
님 그리워 꿈속 같이 걸었지

너는 허공에 윤슬을 보내는데
연인 그리워서일까

뒷다리 날개 치며 띄워 보낸 소린가
문틈으로 찾아 든다

시린 손 접어두고
그늘아래 보금자리 눈물 적시며
피 멎었다 돌아오는 날
너는
이 세상 연주회 아름다웠지.

「귀뚜라미」 전문

새로운 세계를 발견하고 이를 언어로 풀어서 형상화 시켜내는 일은 아무나 할 수 있는 능력이 아니다. 시인이 세상을 찾아내는 힘이다. 시인은 느낌을 시로 쓴다. 시인이 시로 풀어내는 느낌은 객관적 상관물이 아니라 그것을 본 주관적 자아를 객관적으로 풀어내는 느낌이다. 그러므로 숱한 시인들이 같은 경치나 사물을 보고 시를 써도 똑같은 시가 없는 이유다. 그만큼 시가 가진 의미는 주관적이다. 그렇지만 표현이 주관적이라면 제 3자 즉 독자들이 이해할 수 없을 것이다. 주관적 생각이나 느낌을 객관화하여 풀어내는 일이 시를 쓰는 방법론이다. 위 작품도 귀뚜라미가 내게 주는 의미를 형상화하여 풀어낸 시다. '이 세상 연주회 아름다웠지' 라고 존재에 대한 의미를 부여해 주면서 객관을 주관화하여 물아일여 가치를 드러낸다. 곧 귀뚜라미를 통해 나의 존재를 인식해 보는 방법이다. 이렇게 사물을 통해 자아를 발견해 내는 형태의 작품들이 1부와 2부의 주류를 이루고 있다 할 것이다.

2.

사물에 대한 깊은 통찰력으로 나의 존재에 접근하는 작품들에 비해 4부에 드러나는 시들은 사랑에 대한 정감들을 통해 지난 날 함께했던 애틋한 부부의 정을 되새겨 보는 시들이다.

노장현 시인은 오매불망 잊지 못하는 사람을 가슴에 품고 있다. 애절하기도 하고 안타깝기도 한 사랑은 먼저 하늘나라로 떠난 아내에 대한 사랑이다. 그 사랑을 잊지 못해 토로한 작품들 몇 편을 만날 수가 있다. 이들은 먼저 떠난 아내에게 해 줄 수 있는 최고의 찬사가 아닐까한다.

연꽃 속에 깃든
애틋한 사랑이듯
길가에 풀꽃 하나만 봐도
당신으로 이어진 날들과
잔잔한 바다위로 지는 해와 함께
세상 고달픈 바람 결에 시달리고 나부끼어
인정의 꽃밭에서
한 방울 연연한 진홍빛 앵두꽃인지도 몰라

잎 새 뒤에 몰래 숨어
수줍은 듯 햇살과 속삭이는
저 붉은 사랑

시월 단풍은 알까 모를까
당신을 죽도록 사랑하면서
행복한 가슴에 못잊어
몰래 꺼내보는
내 명자나무 꽃 사랑

당신은 나의 별

「사랑」 전문

노장현 시인이 지난 날 함께했던 아내와의 사랑은 연꽃 속에 깃든 애틋한 사랑과 같다. 길가에 핀 작은 풀꽃 하나에도 아내와 함께했던 숱한 날들이 떠오른다. 바다로 지는 해와 함께 세상에 부는 시련의 바람 속에서도 쌓아 올린 정분들이 쌓이고 쌓여 진홍빛 진한 앵두꽃을 피워 올렸던 지난 날들이다. 잎새 뒤에 숨어서 속삭였던 날들과 단풍든 때 함께했던 시간들, 죽도록 사랑하면서 함께했던 행복한 감정들을 못 잊어서 가슴에서 수시로 몰래 꺼내 보기도 한다. 그것은 수줍게 붉게 핀 명자나무 꽃이기도 하고 내 가슴에 뜬 별이기도 하다. 잊지 못하는 사랑을 가슴에 품은 애틋한 사랑의 깊이는 기억 속에 묻지 못하고 흙 속에 묻어 두었다.

모진 바람이 우리를 엄습해도
지나간 흔적 지워 버리고
즐거운 마음으로 인내 하였소
언덕길 숨찰 때 손 잡아준 당신

못 다 꾼 세상 꿈 다 품고
가슴을 흙으로 덮었구려.

「백합꽃을 꺾다」 일부분

모진 바람이 둘 사이를 엄습해 와도 어렵고 힘들었던 흔적들을 지워 버리고 언제나 즐거운 마음으로 인내하며 함께해 왔다. 언덕길 오르며 숨이 찰 때 손을 잡아 준 아내에 대한 행복한 기억들이 남아 있는데 아내는 못 다 꾼 세상 꿈 다 품고 지금은 가슴에다 흙을 덮고 누워 있다. 애절한 망부가를 본다. 이 시집의 4부를 구성하고 있는 시편들이 여기에 해당된다. 그러나 죽음은 누구에게나 가까이 있다. 죽음이 없는 집에서 불씨를 얻어 오면 아들을 살려 주겠다는 은유처럼 죽음이 없는 곳은 없다. 그리고 죽음과 맞닥뜨리지 않는 사람은 없다. 누구나 어디에서건 죽음은 우리와 함께 한다. 삶이 곧 죽음이 아니던가. 노 시인의 시는 죽음 앞에서도 담담하다. 죽음은 그저 음식점에서 함께 식사하고 있다가 볼 일이 있어 먼저 집으로 돌아 간 친구의 모습처럼 그렇게 지극히 일상적으로 반영된다. 이렇게 세상 삶에 대한 긍정이 시를 편안하게 읽히게 한다.

오후 4시에 남편이
육신을 내려놓았다
며칠 전 대구탕을 같이 먹었는데
영혼의 갈림길에 선
우리는 칠순이고 강건하면 팔순인데
가는 길이 넓고 쉬웠든가

「눈물 (2)」 부분

세상에 대한 편안한 접근이 노장현 시인의 작품에 드러나는 삶에 대한 경외심이고, 행복감이 충만한 시들일 것이다. 삶에 대한 인식이 긍정적인 사고가 빚어내는 따뜻한 의미들로 다가 올 때 우리네 삶을 알차고 풍부하고 행복하게 만들어 줄 것이다.

차가운 가슴에 환우들의 사랑으로
밝은 해 바라보며 웃음 짓는 그날
새벽닭 울음 기다림 같이
말없는 상처가 떠나가고
어제 걸었던 길을 다시 간다.

위 시 「상처를 보다」란 시에서도 그런 긍정적인

생각은 변하지 않는다. 함께 병원 생활하면서 환우들의 따뜻한 마음으로 받은 위로를 통해 상처가 낫고 다시 걸을 수 있게 된 것을 기뻐한다. 이런 모습은 시편 어디에서나 쉽게 발견할 수가 있는 따뜻하고 아름다운 긍정의 마음이다.

얼룩진 치맛자락
환희에 깊이 담아
미소로 상처를 씻어내
보이지 않는 얼굴
낙원에서 즐기리라

「보이지 않는 얼굴」 부분

'미소로 씻어내는 상처'를 통해 낙원에 이를 수 있다고 한다. 시인이 꿈꾸는 세계는 낙원이다. 물론 누구나 꿈꾸는 세계일 것이지만 누구나 갈 수 있는 세계는 아니다. 스스로 낙원을 느낄 수 있는 사람만이 낙원에 도달할 수가 있다. 그것이 긍정의 힘이 아닐까.

노 시인은 시를 쓰는 일을 행복해 한다. 행복한 시를 쓰니까 행복한 일이 많이 생기는 것이리라.

사는 일에 행복한 일이 많이 생기면 얼마나 좋을까. 그러나 하던 일만 하면 늘 얻는 것만 얻고, 늘 얻는 것만 얻다보면 삶은 점차 도태될 수밖에 없다. 나의 틀을 스스로 깨기란 쉽지 않다. 새로운 일에 도전하는 일이 있어야 새로운 것을 얻을 수가 있다. 일상인이 시를 쓰는 일을 새로운 도전일 것이다. 여행도 가보지 않는 곳을 가는 것이 더 많은 즐거움과 행복감을 안겨다 줄 것이다. 도전하라 그러면 얻어질 것이다. 낙타가 사막을 횡단해 가듯 새로운 길로 떠나는 일이라고 시인은 낙타에게 말한다.

뜨거운 모래 벌에도 꽃은 피고
새김질하는 네 발은 길을 잰다.

바람은 눈물을 쏟아내 모래를 적시고
햇빛이 이마에 땀방울을 짜낸다.

마른땅에도 샘물이 솟아나고
곱사등에 물두멍을 달아
허기진 배는 가시풀을 찾는다.

아지랑이 푸른 바다 물결 일고

딱정벌레 모래 길을 만들어
독사는 열탕에 몸을 담근다.
오아시스는 광야에 보금자리 털고
낙타는 사막에서 끝내 잠이 든다.

방랑자여
내 가야할 길이 여기에 있으리.

「낙타」 전문

미국 심리학자 매슬로우는 인간의 욕구를 크게 5단계로 분석했다. 1단계는 본능적인 생존을 유지하기 위한 생리적 욕구이며 2단계는 경제적으로 인정을 꾀하는 안전 욕구이고 3단계는 사회적인 동물로써 관계를 추구하는 사랑과 소속 욕구이며 4단계는 일정한 지위와 역할에 대해 인정 받고자하는 존중 욕구이며 5단계는 창의력과 능력을 최대한 발휘하고자하는 자아실현욕구라 했다. 행복해서 시를 쓰는 게 아니라 시를 쓰면서 행복한 시간을 보내니까 행복한 일이 생기는 것이다. 인간은 빵 만으로는 살 수 없다. 배부른 돼지가 되지 말고 배고픈 소크라테스가 되라는 교훈에서 행복의 도달점을 찾는다. 시는 다른 곳에서 찾지

말고 바로 현재의 삶 속에서 찾으라. 지금-여기에 답이 있다.

창의력과 능력을 발휘하여 자아실현을 이루게 하는 시 쓰기 행복에 빠져 있는 노시인은 끝없는 미래세계를 향해 앞으로 나아간다.

손에 지도를 그리고
길을 따라 달린다.

움켜잡아 내려놓지 않는
굴곡진 생의 골짝 걸머지고
슬퍼하고 피곤한 흔적들

허공에 영원한 자취
수많은 사연의 실 그림자

반짝이던 이슬비 님을 찾아
가슴 문 열고 찾아 왔는데
기쁨이 시냇물 되어 흘러 내리 듯
밝은 빛 용솟음친다.

얼굴에 피어나는 웃음꽃은
장단 맞춰 춤을 추는데

아직 길은 손바닥에 있다.

「아직 길은 손바닥에 있다」 전문

파울 클레는 시인을 '새로운 천사'라 부르며 '두 눈이 서로 다른 곳을 보는 족속' 또는 '경계 너머의 세계를 보는 자', 혹은 '귀신까지 보는 자'로 규정한다. 시인이 보통 사람들과 차별화되는 의미를 잘 드러내 보여 주고 있는 말이다. 시인에게 필요한 덕목이기도 하다. 시의 언어가 일상생활에서 사용되는 언어를 일상과는 달리 사용되는 언어라고 규정 할 때 '다르게 사용하는 법'을 찾아 헤매는 게 시인이라는 것이다. 이런 의미로 볼 때 시인은 어떻게 언어를 사용하여 시를 제작해야 하는 창의성을 가져는 것인지를 극명하게 보여 주는 말일 게다. 그러기에 '시가 어렵다' '읽어도 무슨 말인지 모른다'는 독자들의 반응은 당연한 것인지 모른다.

새로운 말 찾기 혹은 길 찾기를 통해 손바닥에 남아 있는 길을 손바닥 밖으로 꺼내 연장 시키고 행복이 충만한 자아실현을 통하여 시 뿐만이 아니고 삶에서도 아름자운 발자취를 남겨줄 것을 기대한다. 첫 시집을 축하 드린다.